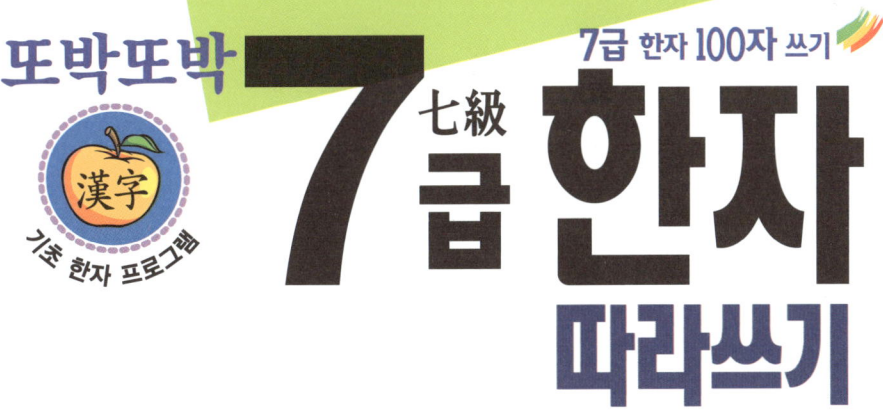

### <한자를 공부하는 어린이들을 위한 지침서>

7급한자 따라쓰기는 한자능력검정시험에서 다루는
쓰기 배정한자 100자를 기본으로 읽고 쓰는 것에 중점을 두었습니다.

합리적이고 체계적인 교육 프로그램으로
급수한자에 도전하세요!

 ## 한자의 3요소

한자(漢字)를 만드는 데는, 모양(형;形)·소리(음;音)·뜻(훈;訓) 의 세 가지가 반드시 있어야 합니다. 이것을 '한자의 3요소' 라고 합니다.

 ## 한자가 만들어진 과정

한자(漢字)가 생기게 된 것은 다음과 같은 발전 과정이 있었기 때문입니다. 이것을 '六書(육서)' 라고 합니다. 즉, 한자의 구조 및 사용에 관한 여섯 가지 구별되는 명칭으로, 한자의 구조를 이해하는데 도움이 될 것입니다.

### ① 상형문자(象形文字)
모양을 본뜬다는 뜻으로, 사물의 모양이나 특징을 본떠서 만든 글자입니다.

메 산(山) 자는 산 모양을 그대로 단순화 시켜서 만든 글자입니다.

### ② 지사문자(指事文字)
손가락 글자라는 뜻으로, 눈에 보이지 않는 생각이나 뜻을 나타낸 글자입니다.

위를 가리키는 '상(上)' 은 기준이 되는 선 위에 물체가 있다는 뜻입니다.

③ 회의문자(會意文字)
상형문자나 지사문자 등 이미 만들어진 글자를 합하여 만든 글자로, 뜻과 뜻을 합하여 새롭게 만든 글자입니다.

木 (나무 목) + 木 (나무 목) = 林 (수풀 림)

나무와 나무들이 모여서 수풀을 이룬다는 뜻입니다.

④ 형성문자(形聲文字)
뜻과 소리를 나타내는 두 글자가 합쳐진 글자입니다.

青 (푸를 청) + 氵((물 수 변) = 清 (맑을 청)

물이 푸르다, 곧 맑다는 뜻과 청의 음을 합친 글자입니다.

⑤ 가차문자(假借文字)
글자의 뜻에 관계없이 소리만 빌어서 만든 글자입니다.

ASIA (아시아) = 亞細亞 (아세아)

아시아라는 대륙 이름을 한자로 쓴 것으로, 한자의 뜻으로 보면 전혀 맞지 않습니다. 가차문자는 주로 외래어를 표기할 때 쓰입니다.

⑥ 전주문자(傳注文字)
같은 모양의 글자가 본래의 뜻과 다르게 쓰이는 글자입니다.

樂
악 : 풍류 악(본래의 뜻)
락 : 즐길 락
요 : 좋아할 요

惡
악 : 악할 악(본래의 뜻)
오 : 미워할 오

위의 두 글자는 본래의 뜻과 다르게 음과 뜻이 다르게 쓰였습니다.

## 한자의 획

**획** : 점과 선을 말합니다. 한자를 쓸 때 연필을 한 번 대었다가 뗄 때까지 그은 점이나 선을 한 획으로 계산합니다.
**획수** : 글자를 쓸 때 획의 수를 뜻합니다.
**총획** : 한 글자를 쓸 때 모두 몇 획으로 이루어져 있는가를 말합니다.

(나무 목의 경우) 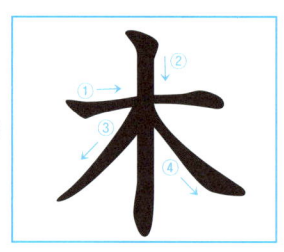 총획은 4획

## 한자를 쓰는 순서

한자(漢字)를 쓰는 순서를 '획순(劃順)' 혹은 '필순(筆順)' 이라고 합니다.
손으로 글자를 쓸 경우 그 글자를 어디서부터 쓰기 시작하여 어떻게 완성해 가는가에 대한 순서입니다.
필순은 반드시 지켜야 하는 법은 없지만, 습관을 들이면 보기 좋은 글자를 쓸 수 있고 바르고 정확하게 쓸 수 있습니다.

필순은 크게 몇 가지 원칙이 있습니다.

① 가로의 경우, 왼쪽에서 오른쪽으로,
② 세로의 경우, 위에서 아래로,
③ 가로 세로가 섞여 있는 경우에는, 대부분 가로를 먼저 씁니다.

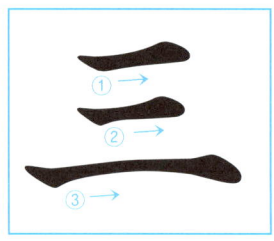 ①②의 경우   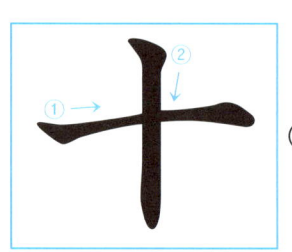 ③의 경우

## 부수의 의미

## 信 伸 代 仁 仙

위의 한자를 보면, 모든 글자 왼쪽에 'ㅣ(사람 인)'이 있는 것을 볼 수 있습니다. 이처럼 글자에 공통적으로 들어가는 글자가 바로 '부수'입니다.
부수는 많은 한자를 구분하는데 기준이 되기 때문에 한자에서는 아주 중요합니다. 흔히 한자 사전(옥편)을 펼쳐 보았을 때 안 표지에 나열된 것이 부수들입니다.

## 부수의 종류

① 부수의 모양

부수는 쓰임에 따라서 원래의 글자 모양이 바뀌고 이름도 달라집니다. 대표적인 예로 다음과 같은 것들이 있습니다.

| 원형 | 부수로 쓰일 때 | 뜻과 음 | 원형 | 부수로 쓰일 때 | 뜻과 음 |
|---|---|---|---|---|---|
| 人 | ㅣ | 사람 인 | 水 | 氵 | 물 수 |
| 心 | 忄 | 마음 심 | 刀 | 刂 | 칼 도 |

② 부수의 종류와 이름

- **변** : 글자 왼쪽에 있는 부수
  믿을 신 信(ㅣ 사람 인변)
- **방** : 글자 오른쪽에 있는 부수
  떼 부 部(阝 우부방)
- **머리** : 글자 위쪽에 있는 부수
  집 우 宇(宀 갓머리, 집 면)
- **발** : 글자 아래쪽에 있는 부수
  생각할 사 思(心 마음 심발)
- **엄** : 위에서 아래쪽에 있는 부수
  병들 병 病(疒 병질 엄)
- **받침** : 왼쪽에서 아래에 있는 부수
  길 도 道(辶 책받침)
- **몸** : 글자를 에워싸고 있는 부수
  그림 도 圖(囗 큰입 구몸, 에울 위)
- **제부수** : 글자 자체가 부수
  말 마 馬(馬 말 마 부수)

## 집 '가 (家)'

훈 : 집, 가문 / 음 : 가 / 총획 : 10획

부수 : 宀 (갓머리)

家家家家家家家家家家

■ 가(家)의 낱말 쓰임

**가족(家族)** : 혈연에 의해 맺어지며 생활을 함께 하는 공동체

**국가(國家)** : 나라의 법적인 호칭

## 노래 '가 (歌)'

훈 : 노래, 읊조리다 / 음 : 가 / 총획 : 14획

부수 : 欠 (하품 흠)

歌歌歌歌歌歌歌歌歌歌

■ 가(歌)의 낱말 쓰임

**가수(歌手)** : 노래 부르는 것을 직업으로 삼는 사람

**교가(校歌)** : 각 학교가 특별히 제정하여 학생들에게 부르게 하는 노래

## 사이 '간(間)'

훈 : 사이, 틈 / 음 : 간 / 총획 : 12획
훈 : 門 (문 문)

間間間間間間間間間

■ 간(間)의 낱말 쓰임

**시간(時間)** : 시각과 시각과의 사이
**간식(間食)** : 군음식을 먹음. 혹은 그 음식.
아침·점심·저녁 사이에 먹는 음식

## 강 '강(江)'

훈 : 강, 큰내 / 음 : 강 / 총획 : 6획
부수 : 氵(삼수 변 = 水:물 수)

江江江江江江

■ 강(江)의 낱말 쓰임

**강산(江山)** : 강과 산이라는 뜻으로 자연의 경치를 이르는 말
**한강(漢江)** : 서울 지역을 가로지는 강

## 수레 '거/차 (車)'

훈 : 수레, 성 / 음 : 거, 차 / 총획 : 7획
부수 : 車 (제 부수)

車車車車車車車

| 車 | 車 | 車 | 車 |
|---|---|---|---|
| 車 | 車 | 車 | 車 |
| 車 | 車 | 車 | 車 |
| 車 | 車 | 車 | 車 |
|   |   |   |   |
|   |   |   |   |

■ 거/차(車)의 낱말 쓰임

**자전거(自轉車)** : 페달을 밟아 뒷바퀴를 돌려서 앞으로 나가는 차
**차고(車庫)** : 차를 넣어두는 공간

## 장인 '공 (工)'

훈 : 장인, 만들다 / 음 : 공 / 총획 : 3획
부수 : 工 (제 부수)

工工工

| 工 | 工 | 工 | 工 |
|---|---|---|---|
| 工 | 工 | 工 | 工 |
| 工 | 工 | 工 | 工 |
| 工 | 工 | 工 | 工 |
|   |   |   |   |
|   |   |   |   |

■ 공(工)의 낱말 쓰임

**공작(工作)** : 토목 · 건축 · 제조 등의 일
**목공(木工)** : 나무로 물건을 만드는 일

## 빌 '공(空)'

훈 : 비우다, 하늘 / 음 : 공 / 총획 : 8획

부수 : 穴 (구멍 혈)

空空空空空空空空

| 空 | 空 | 空 | 空 |
|---|---|---|---|
| 空 | 空 | 空 | 空 |
| 空 | 空 | 空 | 空 |
| 空 | 空 | 空 | 空 |
|   |   |   |   |

■ 공(空)의 낱말 쓰임

**공기(空氣)** : 지구를 둘러싸고 있는 무색·무취의 투명한 기체

**창공(蒼空)** : 푸른 하늘

## 입 '구(口)'

훈 : 입, 말하다 / 음 : 구 / 총획 : 3획

부수 : 口 (제 부수)

口口口

| 口 | 口 | 口 | 口 |
|---|---|---|---|
| 口 | 口 | 口 | 口 |
| 口 | 口 | 口 | 口 |
| 口 | 口 | 口 | 口 |
|   |   |   |   |

■ 구(口)의 낱말 쓰임

**구연(口演)** : 입으로 이야기를 말함
이를 테면, 구연동화를 하다.

**입구(入口)** : 들어가는 곳이나 문
/ 반대어 : 출구(出口)

## 기록할 '기 (記)'

記

훈: 기록, 기억하다 / 음: 기 / 총획: 10획
부수: 言 (말씀 언)

記記記記記記記記記記

| 記 | 記 | 記 | 記 |
|---|---|---|---|
| 記 | 記 | 記 | 記 |
| 記 | 記 | 記 | 記 |
| 記 | 記 | 記 | 記 |
|   |   |   |   |
|   |   |   |   |

■ 기(記)의 낱말 쓰임

**기록**(記錄) : 어떤 사실을 적음. 또는 사실을 적은 글
**일기**(日記) : 날마다 일어난 일이나 생활·느낌 같은 것을 적는 일

## 기운 '기 (氣)'

氣

훈: 기운, 숨쉬다 / 음: 기 / 총획: 10획
부수: 气 (기운 기)

氣氣氣氣氣氣氣氣氣氣

| 氣 | 氣 | 氣 | 氣 |
|---|---|---|---|
| 氣 | 氣 | 氣 | 氣 |
| 氣 | 氣 | 氣 | 氣 |
| 氣 | 氣 | 氣 | 氣 |
|   |   |   |   |
|   |   |   |   |

■ 기(氣)의 낱말 쓰임

**기분**(氣分) : 마음에 생기는 주관적이고 비교적 강도가 약한 감정 상태
**전기**(電氣) : 물체의 마찰로 일어나는 현상

## 기 '기 (旗)'

훈 : 기, 깃발 / 음 : 기 / 총획 : 14획
부수 : 方 (모 방)

旗旗旗旗旗旗旗旗旗旗

| 旗 | 旗 | 旗 | 旗 |
|---|---|---|---|
| 旗 | 旗 | 旗 | 旗 |
| 旗 | 旗 | 旗 | 旗 |
| 旗 | 旗 | 旗 | 旗 |
|   |   |   |   |
|   |   |   |   |

■ 기(旗)의 낱말 쓰임

**기수**(旗手) : 군대나 단체 따위의 행렬 또는 행
진 때 앞에서 기를 드는 사람
**국기**(國旗) : 한 나라를 상징하는 깃발

## 사내 '남 (男)'

훈 : 사내, 아들 / 음 : 남 / 총획 : 7획
부수 : 田 (밭 전)

男男男男男男男

| 男 | 男 | 男 | 男 |
|---|---|---|---|
| 男 | 男 | 男 | 男 |
| 男 | 男 | 男 | 男 |
| 男 | 男 | 男 | 男 |
|   |   |   |   |
|   |   |   |   |

■ 남(男)의 낱말 쓰임

**남자**(男子) : 남성인 사람 / 반대말 : 여자(女子)
**남매**(男妹) : 오빠와 여동생,
혹은 누나와 남동생을 일컫는 말

## 안 '내 (內)'

훈 : 안, 들다 / 음 : 내 / 총획 : 4획
부수 : 入 (들 입)

內內內內

| 內 | 內 | 內 | 內 |
|---|---|---|---|
| 內 | 內 | 內 | 內 |
| 內 | 內 | 內 | 內 |
| 內 | 內 | 內 | 內 |
|   |   |   |   |
|   |   |   |   |

■ 내(內)의 낱말 쓰임

**내복(內服)** : 속옷
**교내(校內)** : 학교의 안
**실내(室內)** : 방 안. 집 안. / 반대말 : 실외(室外)

## 농사 '농 (農)'

훈 : 농사, 농부 / 음 : 농 / 총획 : 13획
부수 : 辰 (별 진)

農農農農農農農農農農

| 農 | 農 | 農 | 農 |
|---|---|---|---|
| 農 | 農 | 農 | 農 |
| 農 | 農 | 農 | 農 |
| 農 | 農 | 農 | 農 |
|   |   |   |   |
|   |   |   |   |

■ 농(農)의 낱말 쓰임

**농사(農事)** : 농작물을 가꾸거나 유익한 동물을 길러 생산하는 일
**농악(農樂)** : 옛부터 농촌에서 전하여 온 우리 나라 특유의 향토 음악

## 길 '도 (道)'

훈 : 길, 말하다 / 음 : 도 / 총획 : 13획
부수 : 辶 (책받침)

道道道道道道道道道道

■ 도(道)의 낱말 쓰임

**도로(道路)** : 사람이나 차들이 편히 다닐 수 있도록 만든 길

**효도(孝道)** : 부모를 잘 섬기는 도리
　　　　　　　반대말 : 불효(不孝)

## 같을 '동 (同)'

훈 : 같다, 모이다 / 음 : 동 / 총획 : 6획
부수 : 口 (입 구)

同同同同同同

■ 동(同)의 낱말 쓰임

**동일(同一)** : 둘 이상의 것이 서로 꼭 같음

**합동(合同)** : 둘 이상의 것이 모여서 하나로 되어 함께 함

## 겨울 '동 (冬)'

훈 : 겨울 / 음 : 동 / 총획 : 5획
부수 : 冫 (이 수)

冬冬冬冬冬

■ 동(冬)의 낱말 쓰임

**동면**(冬眠) : 겨울잠
**입동**(入冬) : 우리나라 24절기의 하나로, 겨울이 시작되는 때를 말함

## 움직일 '동 (動)'

훈 : 움직이다, 동물 / 음 : 동 / 총획 : 11획
부수 : 力 (힘 력)

動動動動動動動動動動

■ 동(動)의 낱말 쓰임

**동물**(動物) : 새·짐승·벌레·물고기 등을 통칭하여 부르는 말
**출동**(出動) : 어떤 목적을 실행하기 위해 나아감

## 마을 '동(洞)' 밝을 '통(洞)'

훈 : 마을, 밝다 / 음 : 동, 통 / 총획 : 9획
부수 : 氵(삼수변 = 水 : 물 수)

洞洞洞洞洞洞洞洞洞

| 洞 | 洞 | 洞 | 洞 |
|---|---|---|---|
| 洞 | 洞 | 洞 | 洞 |
| 洞 | 洞 | 洞 | 洞 |
| 洞 | 洞 | 洞 | 洞 |
|   |   |   |   |
|   |   |   |   |

■ 동(洞)의 낱말 쓰임

**동굴(洞窟)** : 안이 텅 비어 넓고 깊은 큰 굴
**통찰(洞察)** : 온통 밝혀서 두루 살핌. 또는 전체를 환하게 내다 봄

## 오를 '등(登)'

훈 : 오르다 / 음 : 등 / 총획 : 12획
부수 : 癶(필발머리)

登登登登登登登登登登

| 登 | 登 | 登 | 登 |
|---|---|---|---|
| 登 | 登 | 登 | 登 |
| 登 | 登 | 登 | 登 |
| 登 | 登 | 登 | 登 |
|   |   |   |   |
|   |   |   |   |

■ 등(登)의 낱말 쓰임

**등산(登山)** : 산에 오름.
/ 반대말 : 하산(下山)
**등교(登校)** : 학교에 가는 일
/ 반대말 : 하교(下校)

## 올 '래/내 (來)'

훈 : 오다, 부르다 / 음 : 래, 내 / 총획 : 8획
부수 : 人 (사람 인)

來來來來來來來來

■ 래/내(來)의 낱말 쓰임

**거래(去來)** : 상품을 파는 일, 돈을 주고받는 일
**전래(傳來)** : 조상 때부터 전하여 내려옴
　　　　　　예 : 전래동화(傳來童話)

## 힘 '력/역 (力)'

훈 : 힘, 힘쓰다 / 음 : 력, 역 / 총획 : 2획
부수 : 力 (제 부수)

力力

■ 력/역(力)의 낱말 쓰임

**국력(國力)** : 나라의 힘
**출력(出力)** : 돈이나 물자·노력 등을 냄
　　　　　　／ 반대물 : 입력(入力)

## 늙을 '로/노 (老)'

훈 : 늙다, 노인 / 음 : 로, 노 / 총획 : 6획
부수 : 老 (제 부수)

老老老老老老

| 老 | 老 | 老 | 老 |
|---|---|---|---|
| 老 | 老 | 老 | 老 |
| 老 | 老 | 老 | 老 |
| 老 | 老 | 老 | 老 |
| | | | |
| | | | |

■ 로/노(老)의 낱말 쓰임

**노인**(老人) : 나이가 든 사람
**장로**(長老) : 경험이나 덕이 많고 나이 많은 사람의 존칭

## 마을 '리/이 (里)'

훈 : 마을, 이수 / 음 : 리, 이 / 총획 : 7획
부수 : 里 (제 부수)

里里里里里里里

| 里 | 里 | 里 | 里 |
|---|---|---|---|
| 里 | 里 | 里 | 里 |
| 里 | 里 | 里 | 里 |
| 里 | 里 | 里 | 里 |
| | | | |
| | | | |

■ 리/이(里)의 낱말 쓰임

**이장**(里長) : 행정 구역상 리(里)의 사무를 맡아 보는 사람
**삼천리**(三千里) : 삼천이 되는 리(里)의 단위, 혹은 우리나라 삼천리 강산의 준말

## 수풀 '림/임 (林)'

훈 : 수풀, 빽빽하다 / 음 : 림, 임 / 총획 : 8획
부수 : 木 (나무 목)

林林林林林林林林

| 林 | 林 | 林 | 林 |
|---|---|---|---|
| 林 | 林 | 林 | 林 |
| 林 | 林 | 林 | 林 |
| 林 | 林 | 林 | 林 |
|   |   |   |   |
|   |   |   |   |

■ 림/임(林)의 낱말 쓰임

**산림**(山林) : 산과 숲. 산에 있는 숲
**임야**(林野) : 개간하지 않는 벌판

## 설 '립/입 (立)'

훈 : 서다 / 음 : 립, 입 / 총획 : 5획
부수 : 立 (제 부수)

立立立立立

| 立 | 立 | 立 | 立 |
|---|---|---|---|
| 立 | 立 | 立 | 立 |
| 立 | 立 | 立 | 立 |
| 立 | 立 | 立 | 立 |
|   |   |   |   |
|   |   |   |   |

■ 립/입(立)의 낱말 쓰임

**독립**(獨立) : 남에게 의존하지 않고 제 힘으로 따로 섬
**입체**(立體) : 3차원의 공간적인 넓이를 가지는 물체

## 매양 '매 (每)'

훈 : 매양, 마다 / 음 : 매 / 총획 : 7획
부수 : 毋 (말 무)

每每每每每每每

| 每 | 每 | 每 | 每 |

■ 매(每)의 낱말 쓰임

**매양(每樣)** : 항상, 그 모양대로
**매주(每週)** : 각 주. 주마다

## 낯 '면 (面)'

훈 : 낯, 얼굴 / 음 : 면 / 총획 : 9획
부수 : 面 (제 부수)

面面面面面面面面面

| 面 | 面 | 面 | 面 |

■ 면(面)의 낱말 쓰임

**면도(面刀)** : 얼굴에 난 잔털과 수염을 깎는 일
**세면(洗面)** : 얼굴을 씻음

## 이름 '명 (名)'

훈 : 이름, 공적 / 음 : 명 / 총획 : 6획
부수 : 口 (입 구)

名名名名名名

| 名 | 名 | 名 | 名 |
|---|---|---|---|
| 名 | 名 | 名 | 名 |
| 名 | 名 | 名 | 名 |
| 名 | 名 | 名 | 名 |
|   |   |   |   |
|   |   |   |   |

■ 명(名)의 낱말 쓰임

**명작**(名作) : 이름난 작품. 뛰어난 작품
**본명**(本名) : 본래의 이름

## 목숨 '명 (命)'

훈 : 목숨, 운수 / 음 : 명 / 총획 : 8획
부수 : 口 (입 구)

命命命命命命命命

| 命 | 命 | 命 | 命 |
|---|---|---|---|
| 命 | 命 | 命 | 命 |
| 命 | 命 | 命 | 命 |
| 命 | 命 | 命 | 命 |
|   |   |   |   |
|   |   |   |   |

■ 명(命)의 낱말 쓰임

**생명**(生命) : 목숨. 생. 살아 있기 위한 힘의 바탕. 사물을 유치하는 기강
**명령**(命令) : 윗사람이 아랫사람에게 시키는 분부. 또는 그 말이나 내용

## 글월 '문 (文)'

훈 : 글월, 무늬 / 음 : 문 / 총획 : 4획

부수 : 文 (제 부수)

文文文文

| 文 | 文 | 文 | 文 |
|---|---|---|---|
| 文 | 文 | 文 | 文 |
| 文 | 文 | 文 | 文 |
| 文 | 文 | 文 | 文 |
|   |   |   |   |
|   |   |   |   |

■ 문(文)의 낱말 쓰임

**문학(文學)** : 작자의 상상·감정을 통하여 독자에게 호소하는 언어 예술

**한문(漢文)** : 한자의 고문 어법에 기초하여 한자로 쓰여진 글

## 만물 '물 (物)'

훈 : 만물, 무리 / 음 : 물 / 총획 : 8획

부수 : 牛 (소 우)

物物物物物物物物

| 物 | 物 | 物 | 物 |
|---|---|---|---|
| 物 | 物 | 物 | 物 |
| 物 | 物 | 物 | 物 |
| 物 | 物 | 物 | 物 |
|   |   |   |   |
|   |   |   |   |

■ 물(物)의 낱말 쓰임

**물품(物品)** : 일정하게 사용할 만한 값어치가 있는 물건

**식물(植物)** : 동물(動物)과 함께 생물계를 구성하는 2대 구분의 하나

## 모 '방(方)'

훈 : 모, 방위 / 음 : 방 / 총획 : 4획
부수 : 方 (제 부수)

方方方方

■ 방(方)의 낱말 쓰임

**방위(方位)** : 어떠한 쪽의 위치
**지방(地方)** : 행정구역이나 다른 어떤 표징으로 나누어진 어느 한 방면의 땅

## 일백 '백(百)'

훈 : 일백, 많다 / 음 : 백 / 총획 : 6획
부수 : 白 (흰 백)

百百百百百百

■ 백(百)의 낱말 쓰임

**백년(百年)** : 한 해의 백 배. 썩 많은 세월이나 해. 오랜 세월. 100년
**백화점(百貨店)** : 일상 생활에 필요한 상품을 진열·판매하는 종합 소매점

## 지아비 '부 (夫)'

훈 : 지아비, 남편 / 음 : 부 / 총획 : 4획

부수 : 大 (큰 대)

夫 夫 夫 夫

| 夫 | 夫 | 夫 | 夫 |
|---|---|---|---|
| 夫 | 夫 | 夫 | 夫 |
| 夫 | 夫 | 夫 | 夫 |
| 夫 | 夫 | 夫 | 夫 |
|   |   |   |   |
|   |   |   |   |

■ 부(夫)의 낱말 쓰임

**부부**(夫婦) : 남편과 아내
**부인**(夫人) : 남의 아내를 높이어 일컫는 말

## 아닐 '불/부 (不)'

훈 : 아님, 아닌가 / 음 : 불, 부 / 총획 : 4획

부수 : 一 (한 일)

不 不 不 不

| 不 | 不 | 不 | 不 |
|---|---|---|---|
| 不 | 不 | 不 | 不 |
| 不 | 不 | 不 | 不 |
| 不 | 不 | 不 | 不 |
|   |   |   |   |
|   |   |   |   |

■ 불/부(不)의 낱말 쓰임

**불량**(不良) : 어떤 물건의 질이나 기능이 좋지 못함
**부족**(不足) : 넉넉하지 못하고 모자람
/ 반대말 : 만족(滿足)

# 확인 학습 문제

1. 다음 漢字(한자)와 그림, 훈과 음이 서로 맞게 연결하세요.

2. 비슷한 한자 중에 그림이 가리키는 漢字(한자)를 고르세요.

## 확인 학습 문제

**3. 다음 訓(훈)과 音(음)에 맞는 漢字(한자)를 <보기>에서 찾으세요.**

<보기>
① 間　② 命　③ 家　④ 面　⑤ 歌
⑥ 冬　⑦ 農　⑧ 江　⑨ 立　⑩ 每
⑪ 文　⑫ 男　⑬ 登　⑭ 物　⑮ 道

1. 집 가
2. 사이 간
3. 노래 가
4. 농사 농
5. 길 도
6. 오를 등
7. 매양 매
8. 목숨 명
9. 낯 면
10. 겨울 동
11. 설 립
12. 사내 남
13. 만물 물
14. 글월 문

**4. 다음 漢字(한자)의 부수와 총획을 쓰세요.**

1. 歌 － 부수 (　　　　) / 총획 (　　　　)획
2. 百 － 부수 (　　　　) / 총획 (　　　　)획
3. 名 － 부수 (　　　　) / 총획 (　　　　)획
4. 林 － 부수 (　　　　) / 총획 (　　　　)획

## 일 '사 (事)'

훈 : 일, 섬기다 / 음 : 사 / 총획 : 8획
부수 : 亅 (갈고리 궐)

事事事事事事事事

| 事 | 事 | 事 | 事 |
|---|---|---|---|
| 事 | 事 | 事 | 事 |
| 事 | 事 | 事 | 事 |
| 事 | 事 | 事 | 事 |
|   |   |   |   |
|   |   |   |   |

■ 사(事)의 낱말 쓰임

**사건(事件)** : 관심거리나 주목거리가 될 만한 일
**봉사(奉事)** : 자신의 이해를 돌보지 않고 몸과 마음을 다하여 일함

## 셈할 '산 (算)'

훈 : 셈하다, 산가지 / 음 : 산 / 총획 : 14획
부수 : 竹 (대 죽)

算算算算算算算算算算

| 算 | 算 | 算 | 算 |
|---|---|---|---|
| 算 | 算 | 算 | 算 |
| 算 | 算 | 算 | 算 |
| 算 | 算 | 算 | 算 |
|   |   |   |   |
|   |   |   |   |

■ 산(算)의 낱말 쓰임

**산수(算數)** : 기초적인 셈법. 또는 이를 가르치는 학과목
**계산(計算)** : 수량을 헤아림

## 위 '상(上)'

훈 : 위, 오르다 / 음 : 상 / 총획 : 3획

부수 : 一 (한 일)

上 上 上

■ 상(上)의 낱말 쓰임

**상의**(上衣) : 윗옷. 저고리
**조상**(祖上) : 한 갈래의 혈통을 이어오는 할아버지 이상의 어른

## 저녁 '석(夕)'

훈 : 저녁, 저물다 / 음 : 석 / 총획 : 3획

부수 : 夕 (제 부수)

夕 夕 夕

■ 석(夕)의 낱말 쓰임

**석간**(夕刊) : 매일 저녁에 발행하는 신문
**추석**(秋夕) : 우리 나라 명절의 하나. 음력 8월 15일. 한가위

## 성 '성 (姓)'

훈 : 성, 일가 / 음 : 성 / 총획 : 8획
부수 : 女 (계집 녀)

姓姓姓姓姓姓姓姓

■ 성(姓)의 낱말 쓰임

**성명**(姓名) : 성과 이름
**백성**(百姓) : 사회를 구성하는 사람.
 / 같은 말 : 국민(國民)

## 인간 '세 (世)'

훈 : 인간, 세대 / 음 : 세 / 총획 : 5획
부수 : 一 (한 일)

世世世世世

■ 세(世)의 낱말 쓰임

**세계**(世界) : 온 세상. 지구상의 모든 나라
**별세**(別世) : 세상을 떠남. 죽음

## 적을 '소 (少)'

훈 : 적다, 젊다 / 음 : 소 / 총획 : 4획
부수 : 小 (작을 소)

少少少少

| 少 | 少 | 少 | 少 |
| --- | --- | --- | --- |
| 少 | 少 | 少 | 少 |
| 少 | 少 | 少 | 少 |
| 少 | 少 | 少 | 少 |
|   |   |   |   |
|   |   |   |   |

■ 소(少)의 낱말 쓰임

**소녀(少女)** : 완전히 성숙하지도 않고 아주 어리지도 않은 여자 아이
**청소년(青少年)** : 소년에서 청년기로 접어드는 미성년의 젊은이(10대 후반)

## 바 '소 (所)'

훈 : 바, 곳 / 음 : 소 / 총획 : 8획
부수 : 戶 (집 호)

所所所所所所所所

| 所 | 所 | 所 | 所 |
| --- | --- | --- | --- |
| 所 | 所 | 所 | 所 |
| 所 | 所 | 所 | 所 |
| 所 | 所 | 所 | 所 |
|   |   |   |   |
|   |   |   |   |

■ 소(所)의 낱말 쓰임

**소감(所感)** : 마음에 느끼는 바. 또는 느끼는 바의 생각
**주소(住所)** : 법률에서 실질적인 생활의 근거가 되는 곳의 이름

## 손 '수 (手)'

훈 : 손, 재주 / 음 : 수 / 총획 : 4획
부수 : 手 (제 부수)

手手手手

| 手 | 手 | 手 | 手 |
|---|---|---|---|
| 手 | 手 | 手 | 手 |
| 手 | 手 | 手 | 手 |
| 手 | 手 | 手 | 手 |
|  |  |  |  |
|  |  |  |  |

■ 수(手)의 낱말 쓰임

**수술**(手術) : 의료 기계를 써서 환자의 병을 고치는 일

**가수**(歌手) : 노래 부르는 것을 직업으로 삼는 사람

## 셀 '수 (數)' 자주 '삭', 촘촘할 '촉'

훈 : 세다, 자주, 촘촘하다 / 음 : 수, 삭, 촉 / 총획 : 15획
부수 : 攵 (둥글월 문 = 文 : 글월 문)

數數數數數數數數數數

| 數 | 數 | 數 | 數 |
|---|---|---|---|
| 數 | 數 | 數 | 數 |
| 數 | 數 | 數 | 數 |
| 數 | 數 | 數 | 數 |
|  |  |  |  |
|  |  |  |  |

■ 수(數)의 낱말 쓰임

**수학**(數學) : 수량이나 평면 및 공간 도형 등에 관해 연구하는 과학의 한 분야

**획수**(劃數) : 글자 획의 수효

## 저자 '시 (市)'

市

훈 : 저자, 시가 / 음 : 시 / 총획 : 5획

부수 : 巾 (수건 건)

市 市 市 市 市

| 市 | 市 | 市 | 市 |
|---|---|---|---|
| 市 | 市 | 市 | 市 |
| 市 | 市 | 市 | 市 |
| 市 | 市 | 市 | 市 |
|   |   |   |   |
|   |   |   |   |

■ 시(市)의 낱말 쓰임

**시민**(市民) : 시의 주민. 도시의 주민
**도시**(都市) : 일정한 지역의 정치·경제·문화의 중심이 되는 인구 집중 지역

## 때 '시 (時)'

時

훈 : 때, 시간 / 음 : 시 / 총획 : 10획

부수 : 日 (날 일)

時 時 時 時 時 時 時 時 時 時

| 時 | 時 | 時 | 時 |
|---|---|---|---|
| 時 | 時 | 時 | 時 |
| 時 | 時 | 時 | 時 |
| 時 | 時 | 時 | 時 |
|   |   |   |   |
|   |   |   |   |

■ 시(時)의 낱말 쓰임

**시계**(時計) : 시각을 나타내거나 또는 시간을 측정하는 기계
**임시**(臨時) : 그때그때에 당면하여 정한 때

## 밥 '식 (食)'

훈 : 밥, 먹이 / 음 : 식, 사 / 총획 : 9획
부수 : 食 (제 부수)

食食食食食食食食食

| 食 | 食 | 食 | 食 |
|---|---|---|---|
| 食 | 食 | 食 | 食 |
| 食 | 食 | 食 | 食 |
| 食 | 食 | 食 | 食 |
|   |   |   |   |
|   |   |   |   |

■ 식(食)의 낱말 쓰임

**식사(食事)** : 사람이 끼니로 음식을 먹는 일
**식곤증(食困症)** : 식후에 정신이 아찔하고 나른하여 자주 졸음이 오는 증세

## 심을 '식 (植)'

훈 : 심다, 두다 / 음 : 식, 치 / 총획 : 12획
부수 : 木 (나무 목)

植植植植植植植植植植

| 植 | 植 | 植 | 植 |
|---|---|---|---|
| 植 | 植 | 植 | 植 |
| 植 | 植 | 植 | 植 |
| 植 | 植 | 植 | 植 |
|   |   |   |   |
|   |   |   |   |

■ 식(植)의 낱말 쓰임

**식물(植物)** : 동물과 함께 생물계의 2대 분류의 하나임
**이식(移植)** : 농작물이나 나무 등을 다른 데로 옮겨 심는 일

## 마음 '심 (心)'

훈 : 마음, 생각 / 음 : 심 / 총획 : 4획
부수 : 心 (제 부수)

心心心心

| 心 | 心 | 心 | 心 |
|---|---|---|---|
| 心 | 心 | 心 | 心 |
| 心 | 心 | 心 | 心 |
| 心 | 心 | 心 | 心 |
|  |  |  |  |
|  |  |  |  |

■ 심(心)의 낱말 쓰임

**심성**(心性) : 변치 않는 참된 타고난 본성
**결심**(決心) : 무엇을 하려고 마음을 굳게 결정함. 또는 그 마음

## 편안 '안 (安)'

훈 : 편안하다, 어찌 / 음 : 안 / 총획 : 6획
부수 : 宀 (갓머리)

安安安安安安

| 安 | 安 | 安 | 安 |
|---|---|---|---|
| 安 | 安 | 安 | 安 |
| 安 | 安 | 安 | 安 |
| 安 | 安 | 安 | 安 |
|  |  |  |  |
|  |  |  |  |

■ 안(安)의 낱말 쓰임

**안심**(安心) : 아무 걱정이 없이 마음을 편히 가짐. 또는 마음을 편히 놓음
**편안**(便安) : 몸과 마음이 거북하지 않고 걱정 없이 좋음 / 반대말 : 불안(不安)

## 말씀 '어 (語)'

훈 : 말씀, 알리다 / 음 : 어 / 총획 : 14획
부수 : 言 (말씀 언)

語語語語語語語語語語

| 語 | 語 | 語 | 語 |
| --- | --- | --- | --- |
| 語 | 語 | 語 | 語 |
| 語 | 語 | 語 | 語 |
| 語 | 語 | 語 | 語 |
|   |   |   |   |
|   |   |   |   |

■ 어(語)의 낱말 쓰임

**어휘**(語彙) : 한 언어에서 사용되는 단어의 전체
**국어**(國語) : 한 나라의 말. 자기 나라의 언어

## 그러할 '연 (然)'

훈 : 그러하다, 불사르다 / 음 : 연 / 총획 : 12획
부수 : 灬 (연화발 = 火:불 화)

然然然然然然然然然然

| 然 | 然 | 然 | 然 |
| --- | --- | --- | --- |
| 然 | 然 | 然 | 然 |
| 然 | 然 | 然 | 然 |
| 然 | 然 | 然 | 然 |
|   |   |   |   |
|   |   |   |   |

■ 연(然)의 낱말 쓰임

**자연**(自然) : 사람의 손에 의하지 않고서 존재하는 것이나 일어나는 현상
**필연**(必然) : 반드시 그렇게 됨. 다른 도리가 없음

## 낮 '오 (午)'

훈 : 낮, 남녘 / 음 : 오 / 총획 : 4획
부수 : 十 (열 십)

午午午午

| 午 | 午 | 午 | 午 |
|---|---|---|---|
| 午 | 午 | 午 | 午 |
| 午 | 午 | 午 | 午 |
| 午 | 午 | 午 | 午 |
|   |   |   |   |
|   |   |   |   |

■ 오(午)의 낱말 쓰임

**오후**(午後) : 낮 12시부터 밤 12시까지의 사이
**정오**(正午) : 낮의 열두 시 정각

## 오른 '우 (右)'

훈 : 오른쪽, 돕다 / 음 : 우 / 총획 : 5획
부수 : 口 (입 구)

右右右右右

| 右 | 右 | 右 | 右 |
|---|---|---|---|
| 右 | 右 | 右 | 右 |
| 右 | 右 | 右 | 右 |
| 右 | 右 | 右 | 右 |
|   |   |   |   |
|   |   |   |   |

■ 우(右)의 낱말 쓰임

**우측**(右側) : 오른쪽 / 반대말 : 좌측(左側)
**좌우**(左右) : 왼쪽과 오른쪽

## 있을 '유 (有)'

훈 : 있다, 가지다 / 음 : 유 / 총획 : 6획
부수 : 月 (달 월)

有有有有有有

## 기를 '육 (育)'

훈 : 기르다, 맏아들 / 음 : 육, 주 / 총획 : 8획
부수 : 月 (육달 월)

育育育育育育育育

■ 유(有)의 낱말 쓰임

**유능**(有能) : 능력이 있음. 재능이 뛰어남.
　　　　　　　반대말 : 무능(無能)
**공유**(共有) : 둘 이상의 사람이 한 물건을 공동
　　　　　　　으로 가짐

■ 육(育)의 낱말 쓰임

**육아**(育兒) : 어린 아이를 기르는 일
**체육**(體育) : 건강한 몸과 온전한 운동 능력을
　　　　　　　기르는 일. 또는 그러한 교육

## 고을 '읍 (邑)'

훈 : 고을, 도읍 / 음 : 읍 / 총획 : 7획
부수 : 邑 (제 부수)

邑 邑 邑 邑 邑 邑 邑

| 邑 | 邑 | 邑 | 邑 |
|---|---|---|---|
| 邑 | 邑 | 邑 | 邑 |
| 邑 | 邑 | 邑 | 邑 |
| 邑 | 邑 | 邑 | 邑 |
|   |   |   |   |
|   |   |   |   |

■ 읍(邑)의 낱말 쓰임

**읍내**(邑内) : 읍의 구역 안
**도읍**(都邑) : 서울. 작은 도회지

## 들 '입 (入)'

훈 : 들다, 넣다 / 음 : 입 / 총획 : 2획
부수 : 入 (제 부수)

入 入

| 入 | 入 | 入 | 入 |
|---|---|---|---|
| 入 | 入 | 入 | 入 |
| 入 | 入 | 入 | 入 |
| 入 | 入 | 入 | 入 |
|   |   |   |   |
|   |   |   |   |

■ 입(入)의 낱말 쓰임

**입장**(入場) : 장내로 들어감
**출입**(出入) : 사람이 드나듦. 나가는 것과 들어오는 것

## 아들 '자 (子)'

훈 : 아들, 사람 / 음 : 자 / 총획 : 3획
부수 : 子 (제 부수)

子子子

| 子 | 子 | 子 | 子 |
|---|---|---|---|
| 子 | 子 | 子 | 子 |
| 子 | 子 | 子 | 子 |
| 子 | 子 | 子 | 子 |
|  |  |  |  |
|  |  |  |  |

■ 자(子)의 낱말 쓰임

**자녀(子女)** : 아들과 딸
**효자(孝子)** : 부모를 잘 섬기는 자식. 혹은 그런 사람 / 반대말 : 불효자(不孝子)

## 스스로 '자 (自)'

훈 : 스스로, 부터 / 음 : 자 / 총획 : 6획
부수 : 自 (제 부수)

自自自自自自

| 自 | 自 | 自 | 自 |
|---|---|---|---|
| 自 | 自 | 自 | 自 |
| 自 | 自 | 自 | 自 |
| 自 | 自 | 自 | 自 |
|  |  |  |  |
|  |  |  |  |

■ 자(自)의 낱말 쓰임

**자기(自己)** : 나. 제 몸
**자유(自由)** : 남에게 구속받지 않고, 자기 마음 대로 행동하는 일

## 글자 '자 (字)'

훈 : 글자, 기르다 / 음 : 자 / 총획 : 6획
부수 : 子 (아들 자)

字字字字字字

| 字 | 字 | 字 | 字 |
|---|---|---|---|
| 字 | 字 | 字 | 字 |
| 字 | 字 | 字 | 字 |
| 字 | 字 | 字 | 字 |
|   |   |   |   |
|   |   |   |   |

■ 자(字)의 낱말 쓰임

**문자**(文字) : 글자. 예부터 내려오는 문구 · 도형이나 숫자 이외의 글자
**자전**(字典) : 한자를 일정한 순서로 배열하여 글자마다 그 뜻을 해석한 책

## 마당 '장 (場)'

훈 : 마당, 곳 / 음 : 장 / 총획 : 12획
부수 : 土 (흙 토)

場場場場場場場場場場

| 場 | 場 | 場 | 場 |
|---|---|---|---|
| 場 | 場 | 場 | 場 |
| 場 | 場 | 場 | 場 |
| 場 | 場 | 場 | 場 |
|   |   |   |   |
|   |   |   |   |

■ 장(場)의 낱말 쓰임

**장면**(場面) : 어떤 장소에서 벌어진 광경
**시장**(市場) : 여러 가지 상품을 팔고 사는 장소

## 번개 '전(電)'

훈 : 번개, 전기 / 음 : 전 / 총획 : 13획

부수 : 雨 (비 우)

電電電電電電電電電電

| 電 | 電 | 電 | 電 |
|---|---|---|---|
| 電 | 電 | 電 | 電 |
| 電 | 電 | 電 | 電 |
| 電 | 電 | 電 | 電 |
|  |  |  |  |
|  |  |  |  |

■ 전(電)의 낱말 쓰임

**전기**(電氣) : 전자의 이동으로 생기는 에너지의 한 형태

**절전**(節電) : 전기를 아끼어 씀. 전력의 사용을 절약함

## 앞 '전(前)'

훈 : 앞, 먼저 / 음 : 전 / 총획 : 9획

부수 : 刂 (선칼 도 = 刀 칼 도)

前前前前前前前前前

| 前 | 前 | 前 | 前 |
|---|---|---|---|
| 前 | 前 | 前 | 前 |
| 前 | 前 | 前 | 前 |
| 前 | 前 | 前 | 前 |
|  |  |  |  |
|  |  |  |  |

■ 전(前)의 낱말 쓰임

**전반**(前半) : 하나를 반으로 가름. 그렇게 가는 반의 앞. / 반대말 : 후반(後半)

**전진**(前進) : 앞으로 나아감. 반대말 : 후진(後進)

## 온전할 '전 (全)'

훈 : 온전하다, 갖추다 / 음 : 전 / 총획 : 6획
부수 : 入 (들 입)

全全全全全全

| 全 | 全 | 全 | 全 |
|---|---|---|---|
| 全 | 全 | 全 | 全 |
| 全 | 全 | 全 | 全 |
| 全 | 全 | 全 | 全 |
|   |   |   |   |
|   |   |   |   |

■ 전(全)의 낱말 쓰임

**안전**(安全) : 편안하고 온전함. 조금의 탈이나 위험이 없음
**전집**(全集) : 어느 한 개인의 저작물을 전부 모음

## 바를 '정 (正)'

훈 : 바르다, 정월 / 음 : 정 / 총획 : 5획
부수 : 止 (그칠 지)

正正正正正

| 正 | 正 | 正 | 正 |
|---|---|---|---|
| 正 | 正 | 正 | 正 |
| 正 | 正 | 正 | 正 |
| 正 | 正 | 正 | 正 |
|   |   |   |   |
|   |   |   |   |

■ 정(正)의 낱말 쓰임

**정문**(正門) : 건물의 정면에 있는 문
**공정**(公正) : 공평하고 올바름

## 할아비 '조 (祖)'

훈 : 조상, 할아비 / 음 : 조 / 총획 : 10획
부수 : 示 (보일 시)

祖祖祖祖祖祖祖祖祖祖

## 발 '족 (足)'

 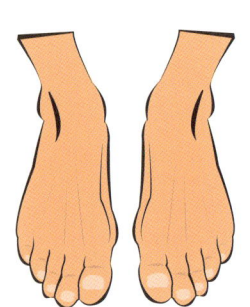

훈 : 발, 흡족하다 / 음 : 족 / 총획 : 7획
부수 : 足 (제 부수)

足足足足足足足

■ 조(祖)의 낱말 쓰임

**조상**(祖上) : 한 갈래의 혈통을 이어오는 할아버지 이상의 어른
**태조**(太祖) : 한 나라의 왕조를 일으킨 첫 대의 임금

■ 족(足)의 낱말 쓰임

**수족**(手足) : 손과 발
**만족**(滿足) : 충분하고 넉넉함 / 반대말 : 부족(不足)

## 왼 '좌 (左)'

훈 : 왼쪽, 돕다 / 음 : 좌 / 총획 : 5획
부수 : 工 (장인 공)

左左左左左

## 주인 '주 (主)'

훈 : 주인, 임금 / 음 : 주 / 총획 : 5획
부수 : 丶 (점 주)

主主主主主

■ 좌(左)의 낱말 쓰임

**좌우**(左右) : 왼쪽과 오른쪽
**좌측**(左側) : 왼쪽 / 반대말 : 우측(右側)

■ 주(主)의 낱말 쓰임

**주인**(主人) : 한 집안을 꾸려 나가는 주된 사람. 물건의 임자
**공주**(公主) : 임금의 딸

## 살 '주 (住)'

훈 : 살다, 머무르다 / 음 : 주 / 총획 : 7획
부수 : 亻(사람 인변)

住住住住住住住

| 住 | 住 | 住 | 住 |
| --- | --- | --- | --- |
| 住 | 住 | 住 | 住 |
| 住 | 住 | 住 | 住 |
| 住 | 住 | 住 | 住 |
|  |  |  |  |
|  |  |  |  |

■ 주(住)의 낱말 쓰임

**주거(住居)** : 일정한 곳에 자리를 잡고 머물러 삶. 또는 그 집
**입주(入住)** : 새로 지은 집 등에 들어가 삶

## 무거울 '중 (重)'

훈 : 무겁다, 거듭하다 / 음 : 중 / 총획 : 9획
부수 : 里 (마을 리)

重重重重重重重重重

| 重 | 重 | 重 | 重 |
| --- | --- | --- | --- |
| 重 | 重 | 重 | 重 |
| 重 | 重 | 重 | 重 |
| 重 | 重 | 重 | 重 |
|  |  |  |  |
|  |  |  |  |

■ 중(重)의 낱말 쓰임

**중병(重病)** : 위중한 병. 중환(重患)
**존중(尊重)** : 귀중하게 여기거나 또는 높이고 중하게 여김

## 종이 '지 (紙)'

훈 : 종이, 편지 / 음 : 지 / 총획 : 10획
부수 : 糸 (실 사)

紙紙紙紙紙紙紙紙紙紙

■ 지(紙)의 낱말 쓰임

**지면**(紙面) : 종이의 표면. 신문에서 기사가 실리는 종이의 면
**한지**(韓紙) : 우리 나라에서 전통적 방법으로 만든 종이

## 땅 '지 (地)'

훈 : 땅, 바탕 / 음 : 지 / 총획 : 6획
부수 : 土 (흙 토)

地地地地地地

■ 지(地)의 낱말 쓰임

**지구**(地球) : 인류가 살고 있는 천체
**천지**(天地) : 하늘과 땅

## 곧을 '직/치 (直)'

훈 : 곧다, 값 / 음 : 직, 치 / 총획 : 8획
부수 : 目 (눈 목)

直直直直直直直直

| 直 | 直 | 直 | 直 |
|---|---|---|---|
| 直 | 直 | 直 | 直 |
| 直 | 直 | 直 | 直 |
| 直 | 直 | 直 | 直 |
|  |  |  |  |
|  |  |  |  |

■ 직(直)의 낱말 쓰임

**직선**(直線) : 구부러지지 않고 곧은 선
**정직**(正直) : 거짓이나 꾸밈이 없이 곧고 바름

## 내 '천 (川)'

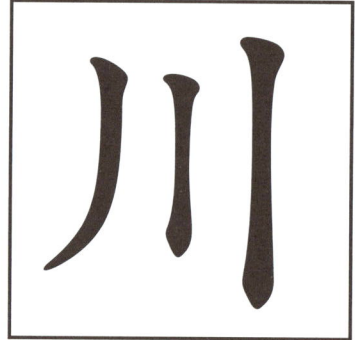

훈 : 내, 하천 / 음 : 천 / 총획 : 3획
부수 : 川 (제 부수)

川川川

| 川 | 川 | 川 | 川 |
|---|---|---|---|
| 川 | 川 | 川 | 川 |
| 川 | 川 | 川 | 川 |
| 川 | 川 | 川 | 川 |
|  |  |  |  |
|  |  |  |  |

■ 천(川)의 낱말 쓰임

**산천**(山川) : 산과 내
**하천**(河川) : 내

## 일천 '천(千)'

훈 : 일천, 많다 / 음 : 천 / 총획 : 3획

부수 : 十 (열 십)

千千千

| 千 | 千 | 千 | 千 |
|---|---|---|---|
| 千 | 千 | 千 | 千 |
| 千 | 千 | 千 | 千 |
| 千 | 千 | 千 | 千 |
|   |   |   |   |
|   |   |   |   |

■ 천(千)의 낱말 쓰임

**천자문(千字文)** : 양나라 주흥사가 엮은 책. 1,000개의 한자 모음

**천년(千年)** : 백 년의 열 배. 곧 아주 오랜 세월을 비유함

## 하늘 '천(天)'

훈 : 하늘, 자연 / 음 : 천 / 총획 : 4획

부수 : 大 (큰 대)

天天天天

| 天 | 天 | 天 | 天 |
|---|---|---|---|
| 天 | 天 | 天 | 天 |
| 天 | 天 | 天 | 天 |
| 天 | 天 | 天 | 天 |
|   |   |   |   |
|   |   |   |   |

■ 천(天)의 낱말 쓰임

**천사(天使)** : 신과 인간의 중개자로 사명의 전달과 개인의 수호를 직무로 함

**승천(昇天)** : 하늘에 오름

## 풀 '초 (草)'

草

훈 : 풀, 엉성하다 / 음 : 초 / 총획 : 10획
부수 : 艹 (초두밑 = 艸 : 풀 초)

草草草草草草草草草草

| 草 | 草 | 草 | 草 |
|---|---|---|---|
| 草 | 草 | 草 | 草 |
| 草 | 草 | 草 | 草 |
| 草 | 草 | 草 | 草 |
|   |   |   |   |
|   |   |   |   |

■ 초(草)의 낱말 쓰임

**초가**(草家) : 볏짚·밀짚·갈대 따위와 이엉을 엮어 지붕을 이은 집
**화초**(花草) : 꽃이 피는 풀과 나무, 또는 관상용 모든 식물의 총칭

## 마을 '촌 (村)'

村

훈 : 마을, 시골 / 음 : 촌 / 총획 : 7획
부수 : 木 (나무 목)

村村村村村村村

| 村 | 村 | 村 | 村 |
|---|---|---|---|
| 村 | 村 | 村 | 村 |
| 村 | 村 | 村 | 村 |
| 村 | 村 | 村 | 村 |
|   |   |   |   |
|   |   |   |   |

■ 촌(村)의 낱말 쓰임

**촌장**(村長) : 지난날, 마을 일을 두루 맡아 보던 마을의 어른
**농촌**(農村) : 농사 짓는 사람들이 모여서 사는 마을

## 가을 '추 (秋)'

훈 : 가을, 세월 / 음 : 추 / 총획 : 9획
부수 : 禾 (벼 화)

秋秋秋秋秋秋秋秋秋

| 秋 | 秋 | 秋 | 秋 |
|---|---|---|---|
| 秋 | 秋 | 秋 | 秋 |
| 秋 | 秋 | 秋 | 秋 |
| 秋 | 秋 | 秋 | 秋 |
|   |   |   |   |
|   |   |   |   |

■ 추(秋)의 낱말 쓰임

**추석(秋夕)** : 한가위. 음력 8월 15일. 우리 나라 명절
**만추(晩秋)** : 늦가을. 가을의 뒷부분 11월 정도

## 봄 '춘 (春)'

훈 : 봄, 세월 / 음 : 춘 / 총획 : 9획
부수 : 日 (날 일)

春春春春春春春春春

| 春 | 春 | 春 | 春 |
|---|---|---|---|
| 春 | 春 | 春 | 春 |
| 春 | 春 | 春 | 春 |
| 春 | 春 | 春 | 春 |
|   |   |   |   |
|   |   |   |   |

■ 춘(春)의 낱말 쓰임

**춘분(春分)** : 우리 나라 24절기의 넷째, 양력 3월 21일경. 낮과 밤이 같은 날
**청춘(靑春)** : 젊고 건강한 나이의 시절

## 확인 학습 문제

1. 다음 漢字(한자)와 그림, 훈과 음이 서로 맞게 연결하세요.

2. 비슷한 한자 중에 그림이 가리키는 漢字(한자)를 고르세요.

## 확인 학습 문제

**3. 다음 訓(훈)과 音(음)에 맞는 漢字(한자)를 <보기>에서 찾으세요.**

<보기>
① 直   ② 自   ③ 前   ④ 右   ⑤ 正
⑥ 地   ⑦ 育   ⑧ 住   ⑨ 然   ⑩ 語
⑪ 上   ⑫ 午   ⑬ 時   ⑭ 場   ⑮ 休

1. 위 상
2. 때 시
3. 오른 우
4. 스스로 자
5. 말씀 어
6. 그러할 연
7. 기를 육
8. 낮 오
9. 마당 장
10. 앞 전
11. 바를 정
12. 곧을 직
13. 살 주
14. 땅 지

**4. 다음 漢字(한자)의 부수와 총획을 쓰세요.**

1. 住 - 부수 (          ) / 총획 (          )획
2. 足 - 부수 (          ) / 총획 (          )획
3. 植 - 부수 (          ) / 총획 (          )획
4. 自 - 부수 (          ) / 총획 (          )획

## 날 '출 (出)'

훈 : 나다, 나가다 / 음 : 출 / 총획 : 5획
부수 : 凵 (위튼입 구)

出出出出出

## 편할 '편/변 (便)'

훈 : 편리하다, 똥오줌 / 음 : 편,변 / 총획 : 9획
부수 : 亻(사람 인변)

便便便便便便便便便

■ 출(出)의 낱말 쓰임

**출석(出席)** : 자리에 나감. 어떤 모임에 참석함.
　　　　　　　반대말 : 결석(缺席)
**탈출(脫出)** : 일정한 환경이나 구속에서 빠져나감

■ 편(便)의 낱말 쓰임

**편리(便利)** : 어떤 일을 하는데 편하고 이용하기 쉬움 / 반대말 : 불편(不便)
**변소(便所)** : 대소변을 볼 수 있게 만들어 놓은 곳. 화장실

## 평평할 '평 (平)'

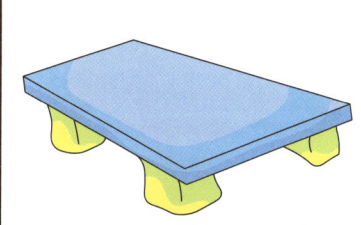

훈 : 평평하다, 다스리다 / 음 : 평 / 총획 : 5획
부수 : 干 (방패 간)

平 平 平 平 平

■ 평(平)의 낱말 쓰임

**평야**(平野) : 평평하고 넓게 트인 땅
**불평**(不平) : 불만이 있어 못마땅하게 여김

## 아래 '하 (下)'

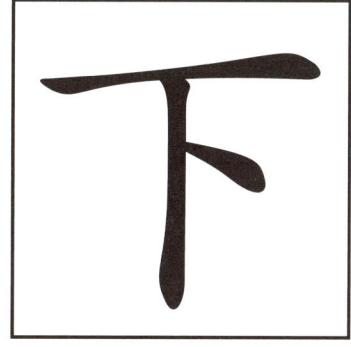

훈 : 아래, 내리다 / 음 : 하 / 총획 : 3획
부수 : 一 (한 일)

下 下 下

■ 하(下)의 낱말 쓰임

**하녀**(下女) : 옛날, 신분의 구별이 있던 때에 허드렛일을 맡아하던 여자 하인
**신하**(臣下) : 임금을 섬기며 벼슬을 하는 사람

## 여름 '하 (夏)'

훈 : 여름, 나라 / 음 : 하 / 총획 : 10획
부수 : 夂 (천천히 걸을 쇠)

夏夏夏夏夏夏夏夏夏夏

## 한나라 '한 (漢)'

훈 : 나라, 한수 / 음 : 한 / 총획 : 14획
부수 : 氵(삼수변)

漢漢漢漢漢漢漢漢漢漢

■ 하(夏)의 낱말 쓰임

**하복(夏服)** : 여름 옷 / 반대말 : 동복(冬服)
**입하(立夏)** : 24절기의 하나로 여름이 시작된다는 날. 5월 5·6일 쯤

■ 한(漢)의 낱말 쓰임

**한자(漢字)** : 한민족 사이에 발생한 중국어를 표기하는 중국 고유의 문자
**괴한(怪漢)** : 행동이나 차림새가 수상한 사람

## 바다 '해 (海)'

훈 : 바다, 넓다 / 음 : 해 / 총획 : 10획
부수 : 氵(삼수변)

海海海海海海海海海海

| 海 | 海 | 海 | 海 |
| --- | --- | --- | --- |
| 海 | 海 | 海 | 海 |
| 海 | 海 | 海 | 海 |
| 海 | 海 | 海 | 海 |
|  |  |  |  |
|  |  |  |  |

■ 해(海)의 낱말 쓰임

**해녀**(海女) : 바닷속에서 해삼·전복·미역 등을 따는 일을 하는 여자
**운해**(雲海) : 높은 곳에서 널리 깔린 구름을 내려다본 경치. 구름 바다

## 말할 '화 (話)'

훈 : 말하다, 이야기 / 음 : 화 / 총획 : 13획
부수 : 言 (말씀 언)

話話話話話話話話話話

| 話 | 話 | 話 | 話 |
| --- | --- | --- | --- |
| 話 | 話 | 話 | 話 |
| 話 | 話 | 話 | 話 |
| 話 | 話 | 話 | 話 |
|  |  |  |  |
|  |  |  |  |

■ 화(話)의 낱말 쓰임

**수화**(手話) : 농아들이 손짓으로 하는 말
**동화**(童話) : 아동 문학의 한 부분

## 꽃 '화 (花)'

훈 : 꽃, 꽃이 피다 / 음 : 화 / 총획 : 8획
부수 : 艹 (초두밑 = 艸 : 풀 초)

花花花花花花花花

## 살 '활 (活)'

훈 : 살다, 생활하다 / 음 : 활 / 총획 : 9획
부수 : 氵(삼수변)

活活活活活活活活活

■ 화(花)의 낱말 쓰임

**화원(花園)** : 꽃동산, 꽃가게
**국화(國花)** : 한 나라의 상징으로 삼는 가장 사랑하고 중하게 여기는 꽃
(대한민국 國花는, 무궁화)

■ 활(活)의 낱말 쓰임

**활동(活動)** : 활발하게 몸을 움직여 동작을 함
**부활(復活)** : 죽었다가 다시 살아남

## 효도 '효 (孝)'

훈 : 효도, 상복입다 / 음 : 효 / 총획 : 7획
부수 : 子 (아들 자)

孝孝孝孝孝孝孝

| 孝 | 孝 | 孝 | 孝 |
|---|---|---|---|
| 孝 | 孝 | 孝 | 孝 |
| 孝 | 孝 | 孝 | 孝 |
| 孝 | 孝 | 孝 | 孝 |
|  |  |  |  |
|  |  |  |  |

■ 효(孝)의 낱말 쓰임

**효도**(孝道) : 효행의 도. 부모를 잘 섬기는 도리
**충효**(忠孝) : 충성과 효도를 아울러 일컫는 말

## 뒤 '후 (後)'

훈 : 뒤, 뒤지다 / 음 : 후 / 총획 : 9획
부수 : 彳 (두인 변)

後後後後後後後後後

| 後 | 後 | 後 | 後 |
|---|---|---|---|
| 後 | 後 | 後 | 後 |
| 後 | 後 | 後 | 後 |
| 後 | 後 | 後 | 後 |
|  |  |  |  |
|  |  |  |  |

■ 후(後)의 낱말 쓰임

**후식**(後食) : 식사를 끝낸 뒤에 먹는 과일, 차 등의 간단한 음식
**노후**(老後) : 늙어진 뒤

## 쉴 '휴(休)'

훈 : 쉬다, 편안하다 / 음 : 휴 / 총획 : 6획
부수 : 亻(사람인변)

休休休休休休

| 休 | 休 | 休 | 休 |
| --- | --- | --- | --- |
| 休 | 休 | 休 | 休 |
| 休 | 休 | 休 | 休 |
| 休 | 休 | 休 | 休 |
|  |  |  |  |
|  |  |  |  |

■ 휴(休)의 낱말 쓰임

**휴식**(休息) : 하던 일을 멈추고 잠깐 쉼
**연휴**(連休) : 휴일이 이틀 이상 겹쳐져서 잇달아 쉬는 일

## 물을 '문(問)'

훈 : 묻다, 방문하다 / 음 : 문 / 총획 : 11획
부수 : 口(입 구)

問問問問問問問問問問問

| 問 | 問 | 問 | 問 |
| --- | --- | --- | --- |
| 問 | 問 | 問 | 問 |
| 問 | 問 | 問 | 問 |
| 問 | 問 | 問 | 問 |
|  |  |  |  |
|  |  |  |  |

■ 문(問)의 낱말 쓰임

**문제**(問題) : 물어서 대답하는 제목. 해답을 요구하는 물음
**질문**(質問) : 모르는 것이나 알고자 하는 것을 물음 / 반대말 : 대답(對答)

## 대답할 '답 (答)'

훈 : 대답하다, 갚다 / 음 : 답 / 총획 : 12획
부수 : 竹 (대 죽)

答答答答答答答答答答

■ 답(答)의 낱말 쓰임

**대답**(對答) : 물음이나 부름 등에 응하는 말
**정답**(正答) : 옳은 답 / 반대말 : 오답(誤答)

## 빛 '색 (色)'

훈 : 빛, 낯 / 음 : 색 / 총획 : 6획
부수 : 色 (제 부수)

色色色色色色

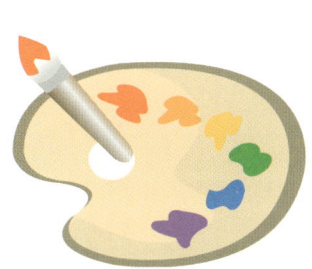

■ 색(色)의 낱말 쓰임

**색상**(色相) : 그림 등에 나타난 빛깔의 강하고 약함, 진하고 약함
**안색**(顔色) : 얼굴에 나타나는 기색. 얼굴빛

# 모의 한자능력검정시험

1. 다음 漢字(한자)의 訓(훈:뜻)과 音(음: 소리)를 쓰세요.

<보기>

字 ⟶ 글자 자

1. 江
2. 家
3. 空
4. 男
5. 農
6. 登
7. 冬
8. 力
9. 來
10. 老
11. 林
12. 每
13. 名
14. 命
15. 事
16. 色
17. 姓
18. 手
19. 心
20. 語
21. 安
22. 育
23. 右
24. 有
25. 自
26. 場
27. 前
28. 正
29. 左
30. 主
31. 足
32. 重
33. 夏
34. 孝
35. 後
36. 休

## 모의 한자능력검정시험

**2. 다음 漢字語(한자어)를 읽고 讀音(독음)을 쓰세요.**

〈보기〉

漢字 ⟶ 한자

1. 江山
2. 家族
3. 工作
4. 日記
5. 農事
6. 男子
7. 登山
8. 校內
9. 每週
10. 面刀
11. 動物
12. 同一
13. 國力
14. 色相
15. 老人
16. 山林
17. 少女
18. 市民
19. 漢文
20. 不足
21. 育兒
22. 祖上
23. 秋夕
24. 世界
25. 食事
26. 手足
27. 電話
28. 村長
29. 天使
30. 海女
31. 花草
32. 臣下
33. 孝子
34. 休息
35. 活動
36. 字典

# 모의 한자능력검정시험

**3. 다음 訓(훈)과 음(음)에 맞는 漢字(한자)를 <보기>에서 찾으세요.**

<보기>
① 夏   ② 草   ③ 地   ④ 林   ⑤ 足
⑥ 時   ⑦ 氣   ⑧ 江   ⑨ 天   ⑩ 花
⑪ 道   ⑫ 來   ⑬ 全   ⑭ 休   ⑮ 問

1. 강 강
2. 하늘 천
3. 수풀 림
4. 여름 하
5. 풀 초
6. 땅 지
7. 때 시
8. 기운 기
9. 꽃 화
10. 발 족
11. 물을 문
12. 길 도
13. 올 래
14. 쉴 휴

**4. 다음 漢字(한자)의 반대어를 찾아 번호를 쓰세요.**

1. 上    (① 下   ② 女   ③ 死   ④ 有)
2. 生    (① 下   ② 女   ③ 死   ④ 有)
3. 無    (① 下   ② 女   ③ 死   ④ 有)
4. 男    (① 下   ② 女   ③ 死   ④ 有)

## 모의 한자능력검정시험

**5. 빈 칸에 알맞은 漢字(한자)를 <보기>에서 찾아 번호를 쓰세요.**

<보기>
① 旗   ② 足   ③ 地   ④ 名   ⑤ 不
⑥ 世   ⑦ 子   ⑧ 江   ⑨ 食   ⑩ 花

1. (　　　)作 : 이름난 작품
2. (　　　)良 : 어떤 물건의 질이나 기능이 좋지 못함
3. (　　　)界 : 온 세상. 지구상의 모든 나라
4. (　　　)事 : 사람이 끼니로 음식을 먹는 일
5. 孝(　　　) : 부모를 잘 섬기는 아들
6. 手(　　　) : 손과 발
7. 天(　　　) : 하늘과 땅
8. 國(　　　) : 한 나라를 상징하는 깃발

**6. 다음 漢字(한자)의 부수와 총획을 쓰세요.**

1. 林 － 부수 (　　　　　) / 총획 (　　　)획
2. 地 － 부수 (　　　　　) / 총획 (　　　)획
3. 姓 － 부수 (　　　　　) / 총획 (　　　)획
4. 春 － 부수 (　　　　　) / 총획 (　　　)획

# 한자능력검정시험 7급 배정 한자 (100자)

※ 8급에서 배운 50자와 아래의 새로 배운 100자를 합한 150자가 7급 한자입니다.

|  |  |  |  |  |  |  |  |  |  |
|---|---|---|---|---|---|---|---|---|---|
| 家 | 歌 | 間 | 江 | 車 | 工 | 空 | 口 | 記 | 氣 |
| 집 가 | 노래 가 | 사이 간 | 강 강 | 수레 거 | 장인 공 | 빌 공 | 입 구 | 기록할 기 | 기운 기 |
| 旗 | 男 | 內 | 農 | 答 | 道 | 同 | 冬 | 動 | 洞 |
| 기 기 | 사내 남 | 안 내 | 농사 농 | 대답할 답 | 길 도 | 같을 동 | 겨울 동 | 움직일 동 | 마을 동 |
| 登 | 來 | 力 | 老 | 里 | 林 | 立 | 每 | 面 | 名 |
| 오를 등 | 올 래 | 힘 력 | 늙을 로 | 마을 리 | 수풀 림 | 설 립 | 매양 매 | 낯 면 | 이름 명 |
| 命 | 文 | 問 | 物 | 方 | 百 | 夫 | 不 | 事 | 算 |
| 목숨 명 | 글월 문 | 물을 문 | 만물 물 | 모 방 | 일백 백 | 지아비 부 | 아닐 불 | 일 사 | 셈할 산 |
| 上 | 色 | 夕 | 姓 | 世 | 少 | 所 | 手 | 數 | 市 |
| 위 상 | 빛 색 | 저녁 석 | 성 성 | 인간 세 | 적을 소 | 바 소 | 손 수 | 셀 수 | 저자 시 |
| 時 | 食 | 植 | 心 | 安 | 語 | 然 | 午 | 右 | 有 |
| 때 시 | 밥 식 | 심을 식 | 마음 심 | 편안 안 | 말씀 어 | 그러할 연 | 낮 오 | 오른 우 | 있을 유 |
| 育 | 邑 | 入 | 子 | 自 | 字 | 場 | 前 | 全 | 電 |
| 기를 육 | 고을 읍 | 들 입 | 아들 자 | 스스로 자 | 글자 자 | 마당 장 | 앞 전 | 온전할 전 | 번개 전 |
| 正 | 祖 | 足 | 左 | 主 | 住 | 重 | 紙 | 地 | 直 |
| 바를 정 | 할아비 조 | 발 족 | 왼 좌 | 주인 주 | 살 주 | 무거울 중 | 종이 지 | 땅 지 | 곧을 직 |
| 川 | 千 | 天 | 草 | 村 | 秋 | 春 | 出 | 便 | 平 |
| 내 천 | 일천 천 | 하늘 천 | 풀 초 | 마을 촌 | 가을 추 | 봄 춘 | 날 출 | 편할 편 | 평평할 평 |
| 下 | 夏 | 漢 | 海 | 話 | 花 | 活 | 孝 | 後 | 休 |
| 아래 하 | 여름 하 | 한나라 한 | 바다 해 | 말할 화 | 꽃 화 | 살 활 | 효도 효 | 뒤 후 | 쉴 휴 |